TESIS A LIBRO

EN 10 PASOS PARA PASAR DE DESCONOCIDO A RECONOCIDO COMO UN EXPERTO

BEN GUTHER

ÍNDICE

Introducción

Estaba en los últimos meses de la Universidad con las tareas de la tesis y asistí a una charla de un sociólogo que visitaba la ciudad con quién aproveché para tener una conversación. Él me compartió la idea del *marketing de tesis*, un enfoque que me abriría la mente y me ayudaría mucho en mi desarrollo profesional. Yo estaba haciendo un estudio sobre "prácticas políticas en los universitarios", pero él me preguntó si a alguien fuera de la Universidad le interesaría ese estudio. Estábamos cerca de las elecciones municipales y eso sí que era de interés para muchos, así que, sin salirme del tema que estaba estudiando, lo orienté hacia otro objeto de estudio. Pero no solo cambié mi tesis, sino que cambió mi enfoque de ver la tesis para que me ayude a posicionarme en el mercado laboral como un experto.

Ese sociólogo era Cesar Rojas Ríos, yo lo conocía gracias a uno de sus primeros libros, un compilado de artículos que había publicado en un periódico local años atrás. Mientras los demás le pedían autógrafos, yo tenía mucha curiosidad de saber quién era. Con el tiempo y a pesar de la distancia, desarrollamos una amistad y cuando podía, él siempre me obsequiaba sus libros además, aceptó ser mi tutor. En ese entonces no lo sabía, pero él ya era un referente en conflictología en mi país (ni si quiera sabía que esa área existía).

Las ideas y principios que voy a compartirte en este libro, están basados en mi experiencia en la investigación científica y en la estrategia de utilizar tus investigaciones para posicionarte en un área en específico. Podríamos hablar de marca personal, pero muchos empiezan por ahí, cuando en realidad la marca personal es el efecto de ser experto en algo. Los científicos somos curiosos por naturaleza y siempre hay un tema del que no nos cansamos de leer y hablar. Debes lograr que tu nombre se asocie a un tema en particular y una de las formas de conseguirlo es publicando un libro.

Yo sé que a todos puede intimidarnos hacer un libro porque, en cierta forma, le tenemos mucho respeto a los libros y eso no está mal. Pero al cruzar esa línea de temor, verás que no era tan difícil como parecía. Aunque sí se requiere mucho trabajo, no es imposible y el beneficio lo vale. Un libro te da autoridad, te abre puertas, te rodea de la gente correcta, te posiciona como un experto, te pone en una situación de ventaja ante los clientes. Foucault lo sabía, estar del lado del conocimiento te da más poder, serás el alfa en ese campo.

Los beneficios de tener un libro publicado sobre un tema en específico no solo te dará autoridad en tu sector sino que también, te servirá para abrirte más puertas. Tu libro será tu tarjeta de presentación para aquellos tomadores de decisión o interesados en el tema, ya sea que lean tu libro, lo ojeen o solamente vean el título con tu nombre, un libro habla mucho de ti. Te dará influencia, un aspecto importante para liderar en ese campo, que no solo se restringe al lugar donde vives. Publicar tu libro en internet, no solo te dará autoridad en tu ciudad sino que te dará notoriedad internacionalmente. Estamos acostumbrados a pensar en la influencia delimitada por los límites geográficos, pero desde la pandemia del SARS COVID-19, la economía e influencia se digitalizó aún más. Si no digitalizas tu profesión con un e-book no existirás en el mercado profesional.

Te recomiendo que anotes en una hoja aparte o en las notas de tu celular las preguntas que aparecen en los capítulos y las vayas respondiendo, no dejes sin responder ninguna.

Al final del libro te tengo un código de descuento como obsequio de algo que también podría servirte.

¿Para qué publicar tu tesis?

Un libro suele ser el primer contacto de un lector con el autor antes de conocerlo. Un libro brinda el contexto necesario para entender las ideas que el autor desea transmitir. Así se forma una relación con la forma de pensar del autor en el libro. El libro es una antesala.

Pregúntate quién te da más confianza ¿Un profesional que haya publicado un libro o uno que no? La confianza es la principal base para crear relaciones de todo tipo. Por eso publicar tu libro hablará de ti, ya que el libro implica tener al menos una idea de lo que se está haciendo y el deseo de comunicar esa idea con los demás. **Un libro te ayudará a desarrollar tu capacidad de expresar tus ideas.**

También debes ser consiente del **impacto** que tiene un libro. No sabrás con exactitud quién lo leerá y qué hará con su contenido. Para algunos lectores habrás aportado valor y para otros habrás creado un interés en conocerte un poco más, lo que implica que te brindará oportunidades con gente que tiene casi tus mismos intereses.

Un libro te pondrá en la palestra, te hará visible en tu sector y te posicionará como un experto en un tema o destreza específica. Un ejemplo de esto es Sofía Tupper, autora de *Historias de Clandestinidad: Cuatro* Testimonios (1973 – 1992), un libro que inicialmente fue una tesis de periodismo en la Universidad de Chile. Su libro reúne los testimonios de cuatro chilenos que vivieron la dictadura militar en su país. Como periodista, su libro es muestra de su capacidad de investigación y comunicación.

Por esta razón debes planificar el posible efecto de tu libro. ¿Con qué temas quieres que se te relacione? ¿Qué habilidad o dominio del tema te va a permitir demostrar el tener este libro? ¿Será reflejo del campo laboral al que quieres apuntar? ¿Quiénes querrán leer tu libro? ¿Cuál es el ecosistema de ese tema del que vas a hablar?

No trates de hablar de muchas cosas en tu libro. Publica el capítulo más sólido de tu tesis. Saca el libro en base a uno de tus capítulos que incluya tus temas de interés. También debes decidir qué tan rentable u oportuno es hablar de ese tema. Piensa quiénes podrían contratarte como asesor en ese tema, ¿Ellos tienen la capacidad monetaria para contratarte? Las personas o instituciones que se enteren de ti por tu libro, ¿a qué espacios podrían llevarte?, ¿te atraen esos posibles escenarios? ¿A quiénes quisieras conocer y quiénes quieres que te conozcan con este libro? Por favor responde todas estas preguntas porque son la planificación de tu Marketing para Marca Personal.

Observa libros similares al tuyo, en cuanto a la temática. ¿Cómo se presentan? ¿Dónde están y en qué tipo de librerías o bibliotecas? ¿Quiénes son sus autores? ¿Se sabe algo de ellos después de publicar sus libros? Estudia el impacto de esos libros en particular. No es necesario que los leas, ni los compres, solo mira que es lo que provocaron después de ser publicados. - ¿Podrían controlarse esos efectos o son impredecibles? Si tu libro tuviera el mismo impacto que tuvieron aquellos libros, ¿te agradaría esa idea?

1. Evaluar nuestro material

Si después de ver libros similares a los tuyos sientes que no han provocado el impacto que a ti no te convendría, tendrás que buscar cambiar la perspectiva o enfoque de tu tema y **adaptar** tu tesis a ese nuevo fin. Si tu objetivo es estar en un entorno más académico tendrás que adaptar tu tema a algo más teórico y educativo, pero si tu objetivo está fuera de este ámbito, tendrás que ser más práctico. Si los proyectos que promueve tu libro no son rentables o no financiables, tendrás que adaptar tu tema a algo que sí lo sea.

En su trabajo, *Como transformar tu tesis en un libro*, William Germano nos ayuda a pensar el proceso de adaptación que sufre una tesis para llegar a ser un libro. Y yo agregaría: el proceso de transformación que sufre (porque esa es la palabra) un tesista para convertirse en escritor. Por más entusiasmados que nos encontremos por ver nuestra obra publicada y promocionada, no debemos ser ingenuos a la hora de planificar el recorrido que tendremos que realizar para llegar a ese lugar. Ya sabemos que una tesis no es lo mismo que un libro, pero también debemos saber que una tesis **no** se publica como tal. Y esa es la primera consecuencia que debes considerar. Aquí, Germano, como el buen editor que es, nos advertiría: nunca intentes enviar tu tesis, tal cual la presentaste ante tu tribunal, a una editorial. Agreguemos: nunca intentes publicar tu tesis tal cual la escribiste para obtener el grado, en una plataforma online. Un editor jamás la tendrá en cuenta por una simple razón (no tanto para ti que invertiste mucho tiempo en completar tu trabajo), las tesis, por lo general, trabajan sobre una porción bastante reducida, específica y situada de un campo de estudio. Y eso está muy bien para una tesis, sin embargo, ¿funciona como libro? ¡Claro que no!, dirá Germano. Para que tu tesis se convierta en libro, deberás revisar la *estructura*, el *tema* y su *desarrollo*.

> Una tesis necesita algún tipo de reconsideración y reescritura, dos actividades distintas pero relacionadas. Esa tarea en dos partes es a lo que me refiero (...) con la revisión (...) Revisar tu tesis para su publicación tiene que ver con aumentar esa población de lectores de tal modo que se haga lo bastante amplia como para que (...) [se] convierta en un libro. (Germano, 2008, p. 23)

¿Reconsiderar y reescribir? Así es. Seguramente, cuando comenzaste a plantear tu tesis, más allá de elegir un tema que te interesaba y en que te venías formando, tuviste que considerar en qué medida tu trabajo aportaría conocimiento y si era lo suficientemente sólido para ser tenido en cuenta por la academia. Estos *inputs* te ayudaron a plantear, no solo el tema de tu tesis, sino la manera en que lo desarrollarías y la estructura que supondría. Ahora es momento de que tomes ese trabajo y plantees nuevos inputs de acuerdo a tu nuevo objetivo. Ya no necesitas acreditar tus conocimientos ante un tribunal y obtener una buena calificación para alcanzar tu título. Ahora debes ir más allá. Y por supuesto que, para eso, necesitarás escribir. ¿Otra vez?, Sí. En todo proceso de revisión habrá reescritura. ¡No temas!, no es algo que no conozcas. ¿Es laborioso? Seguro. Pero esta vez, te aseguro, podrás (y deberás) librarte de algunas cuestiones *obligatorias* para toda tesis. Esta vez, será más fácil que te encuentres en tu trabajo y este libro te ayudará a que así sea, pero no te apures, iremos paso a paso.

Retomemos la cuestión de los inputs. Así como al comenzar tu tesis te planteaste una serie de preguntas guías, es momento que tomes lápiz y papel (seguramente será un procesador de textos) y le formules nuevas preguntas a tu tesis. Empieza por lo básico: de todo lo que escribiste, ¿qué es lo que más te interesa?, ¿por qué? ¿Hay otra gente interesada en ello? Recuerda: escribes para alguien más. Es fundamental que busques llegar a ese público. Recorta y reescribe. Luego nos ocuparemos de pulirla, ahora concéntrate en encontrar la gema. No te asustes si ves que estás descartando más de la mitad de tu trabajo, el proceso de transformación de tesis a libro implica renunciar a uno o varios apartados para descubrir la riqueza de tu *verdadero* tema. "La revisión se convierte en replanteamiento, que a su vez se convierte en reescritura" (Germano, 2008, p. 22). Pero espera. El proceso debe ser consciente en todo momento, ya que cada decisión que tomes implica trabajo.

El proceso comienza cuestionando tu tesis: ¿puede ser o no un libro? Seguido de una primera revisión, con su replanteamiento y reescritura. Por el momento solo estamos concentrados en el tema y su desarrollo. Ahora bien, nos estamos olvidando de algo fundamental: ¿Estamos dispuestos a realizar esta tarea?, ¿tenemos el tiempo? Toda revisión para edición debe ser lo suficientemente planificada, partiendo desde nuestro interés y objetivo. Es tiempo que organices tus tareas y le pongas plazo a cada una. Comienza cuestionando tu tesis y replanteando el tema, puedes que te lleves gratas sorpresas. Revisa tu horario y ponte en acción. No debería llevarte demasiado tiempo, pero es necesario que dejes todo asentado por escrito y que revises, al menos semanalmente, tu calendario para constatar que estas cumpliendo tus plazos. Revisa, reescribe, revisa y reescribe otra vez, hasta que estés convencido de que encontraste esa gema que se convertirá en joya con el debido pulido. En el próximo capítulo, te ayudaré con ese proceso.

2. Gestando la idea del libro

Como descubrimos en el capítulo anterior, lo primero que debes hacer para transformar tu tesis en un libro es reconsiderar el tema. En este sentido, podemos decir que un libro, a diferencia de una tesis, no necesita realmente una teoría original. Lo que un libro necesita es una idea dominante que despierte el interés de un público más amplio. Para eso, deberás responderte: ¿hay una idea lo suficientemente potente? ¿Puedo construir un argumento que la sustente? ¿Qué elementos de mi tesis pueden convivir bajo el formato libro y cuáles no?

Tu futuro libro debe tener algo que decir, en un lenguaje claro y comprensible. Pero tranquilo, hablaremos de eso más adelante, ahora nos aboquemos a *destripar* la idea para comprender exactamente lo que tenemos. Digamos que el primer paso al revisar una tesis es saber lo que no vale la pena revisar.

Reconsiderar y replantear la tesis implica deshacernos de todos aquellos capítulos, ejemplos y referencias que entorpezcan el desarrollo de la idea que queremos trabajar. No se trata de llenar hojas que prueben lo mucho que hemos leído y conocemos un tema, ni de descubrir un nuevo objeto de estudio, se trata de "reconsiderar una y otra vez lo que tienes que decir, y de lograr una mayor claridad cada vez que lo dices" (Germano, 2008, p. 44). Preguntarte sobre qué es lo que debes hacer para lograr este objetivo, aclarará el camino que debes iniciar para convertir tu tesis en otra cosa, en un libro.

Toma un par de resaltadores y comienza con la tarea. Revisa. Marca sus defectos. Reescribe. ¿La idea está más clara? Reescribe otra vez. Deshazte de las ideas limitantes y no te paralices ante las dudas razonables. Cada nuevo proceso de reescritura aportará mayor claridad. Plantéate nuevas preguntas: ¿qué aspecto debo desarrollar más profundamente para alcanzar mayor claridad?, ¿es necesario que incorpore ejemplos?, ¿qué otros temas de interés aportan valor a mi idea?, ¿está lo suficientemente clara mi perspectiva?, ¿qué falta o qué sobra?

Quítate el corsé del tesista. Es importante que entiendas que las pautas que te ayudaron para elaborar tu tesis no te servirán para escribir un buen libro. Considera que tus potenciales lectores no han hecho tú mismo recorrido ni están obligados a conocer cada uno de los autores que han trabajado sobre tu tema. Explica, sin caer en tecnicismos innecesarios. No te ates a estructuras preestablecidas. El desarrollo de la idea encontrará su forma y no al revés.

Luego define la extensión. ¿Es demasiado largo? ¿Cuentas con suficientes ejemplos?, ¿son adecuados?, ¿están actualizados? Trata de ser lo más puntual y conciso que puedas. Una vez definido todo esto es hora de desarrollar un plan de trabajo.

3. El día a día

El primer paso para crear un **plan de trabajo** es establecer periodos de tiempo para cada tarea.

Quiero desafiarte en cuanto a esto y no hay excusas. Tienes dos opciones en relación al tiempo estimado: seis meses de trabajo intenso o un año si tienes que combinar el proceso con tu empleo.

La clave es planificar la gestión del cronograma del proyecto. Para eso, lo que vamos a hacer es tomar la totalidad del proyecto y desglosarlo por actividades, secuenciarlas y disponer un tiempo para cada una. Elige una herramienta. Hay varios tipos de gestores de proyectos en la web que te pueden servir de mucha ayuda para establecer tiempos y hacer el debido seguimiento de cada etapa. O puedes simplemente usar el calendario. Lo importante es que la herramienta que elijas sea acorde a tu plan de trabajo.

Comienza por definir cuáles son las *actividades* que requiere realizar el proyecto: revisión, replanteamiento, reescritura, revisión, investigación, reescritura, revisión, estructura, reescritura, etcétera.

La *secuencia* que sigas para desarrollar el proyecto es el segundo aspecto a tener en cuenta. La secuenciación debe ser lógica, es decir, no puedes sentarte a investigar sin antes replantear tu tema, por ejemplo. Estima los *recursos* que utilizarás para hacer cada actividad. Ya sean horas en la biblioteca o entrevistas de campo, necesitas conocer la disponibilidad con la que cuentas y qué trámites o documentación requieres, entre otros. Por último, no olvides incorporar una *evaluación* del proceso: mide tu progreso. Cada actividad representa un porcentaje del trabajo que debes realizar para finalizar el proyecto en el plazo que fijaste. Haz una medición semanal, quincenal o trimestral y anota si pudiste o no alcanzar la meta para ese plazo. Si no has podido, escribe cuáles fueron las causas que no te permitieron cumplir con el cronograma y evalúa qué debes dejar de hacer o qué debes reforzar para no salirte de tu plan.

4. Define esto antes de reescribir

Antes de ponerte a la tarea de reescribir debes tener cuatro aspectos bien definidos para no perder tiempo en revisiones innecesarias. Recuerda, ya no estás escribiendo para la academia y tu tribunal. Es tiempo que veas más allá y te preguntes sobre cuál es tu *público*. Sé específico y considera seriamente quiénes pueden beneficiarse con la lectura de un libro especializado. Todos los que publicamos queremos llegar a alguien. Escribimos para despertar el interés de ese otro que está allí afuera. Conocer a quién le hablamos, definirá el lugar desde dónde hablamos y porqué lo hacemos. Marcará el ritmo de la narración y nos dirá, por ejemplo, si debemos empezar por la raíz del asunto o sus consecuencias. Como expliqué anteriormente, las tesis suelen presentar una teoría original sobre un tema bastante específico, muchas veces se trata del estudio de un caso particular, en una sociedad específica y en un tiempo determinado; un libro, aunque sea especializado, debe ir más allá. Y es por eso, que necesitas tener muy claro a quién te estás dirigiendo. Supongamos que tu tesis abordaba la problemática de la institucionalización de las niñeces en contexto de vulnerabilidad analizando el caso de las comunidades wichis del norte de Argentina. Pregúntate: ¿cuál es el lector al que apunto, a uno interesado en el devenir de los pueblos originarios de América Latina o a uno interesado en la vulnerabilidad de las infancias? Con este ejemplo busco que veas cómo optar por un lector u otro, orientará el trabajo de revisión y reescritura que supondrá tu proyecto.

Definir tu público también te permitirá descubrir y elegir el tono de la narración. Cuando hablo de tono, me refiero a la actitud que asumirá la voz narrativa. En este sentido, Germano (2008) afirma:

No se puede publicar un manuscrito como libro si el autor no comprende claramente para quién se escribe el libro (su público) o si el autor no lo ha escrito en una forma apropiada para el público y atractiva para el lector (tono). (p. 66)

Es fundamental que encuentres la expresión correcta para decir lo que deseas comunicar.

El tercer aspecto que deberás definir es la estructura. Se trata de tener una perspectiva global que te permita visualizar el entramado del discurso; es decir, que muestre la lógica sobre la que se estructura. La secuencia narrativa se ordena de una determinada forma de acuerdo a la red de relaciones que establecen sus elementos. Quizás nuestro discurso se organice a través de una secuencia cronológica, si es que estamos estudiando la evolución de un movimiento pictórico; o por causa y efecto, si nuestro tema es la caída de Constantinopla. Sea cual sea el tema que estamos trabajando, su desarrollo debe estructurarse de tal manera que sea claro para el lector hacia dónde vamos.

Por último, define la extensión de tu libro. Y otra vez, te invito a que te quites el corsé del tesista. Un libro no tiene por qué tener la misma extensión de una tesis. Quizás no necesites ocupar 100, 300 o 500 páginas para desarrollar tu tema como te pedían en la universidad. La extensión de un libro es menos importante que la potencia de la idea que desarrolla. Concéntrate en lo que tienes que decir sin imponerte una cantidad de páginas a priori.

5. De fondo

Hay dos planos narrativos que debes considerar a la hora de tomarte el trabajo de reescribir tu tesis. *Forma* y *fondo* marcarán, no solo el ritmo de la prosa, sino también la concatenación, es decir, la manera en que se unen los elementos discursivos. Cuando hablo de forma, me refiero al hecho lingüístico en sí. A la selección concienzuda del lenguaje del que disponemos para expresarnos. Es hallar la palabra precisa, la longitud acertada y la frase acabada. La lectura de un libro debe ser placentera siempre. Se trate de un poemario o de un libro especializado, el lector debe fluir por el texto. Deslizarse entre frases breves, medianas y largas que le aporten vitalidad y movimiento al tema.

El fondo es el despliegue del andamiaje que sostiene la narración, la trama. ¿Trama? Sí. Los libros especializados también poseen trama. Al igual que un cuento o una novela, tu libro se apoyará en un entramado de elementos, lógicamente secuenciados, que marcarán la evolución progresiva del desarrollo narrativo. De este modo, tu libro tendrá una introducción (presentación del tema), un nudo (un *conflicto* que cambia o confirma un estado de cosas) y un desenlace (la resolución del conflicto). Forma y fondo responden a un mismo impulso narrativo, lo que Germano entiende por *hilo conductor*. El hilo conductor es el pulso que ordena el discurso y empuja al lector de párrafo en párrafo; "es la organización lógica de tus ideas en palabras y páginas" (Germano, 2008, p. 96).

Seguramente, vienes intuyendo que esta tarea requerirá de mucho trabajo y no voy a mentirte, así es. Germano nos advierte que cualquier escrito, en este caso tu tesis, que no haya sido concebido originalmente como un libro, necesitará de, lo que él llama, una *revisión a fondo*.

...con revisión a fondo me refiero a una reescritura en toda regla de un capítulo, o de cada uno de tus capítulos. La revisión a fondo de un solo capítulo puede que te exija nuevas investigaciones para poner al día ejemplos anticuados o ayudarte a encontrar esa conclusión oculta entre tus pensamientos pero no manifiesta en lo que has expresado sobre el papel. La revisión a fondo de una obra con extensión de libro significa replantearte tu original de la primera a la última página. (Germano, 2008, p. 82)

Lo sé, parece algo desalentador al comienzo, pero no es un trabajo que no hayas hecho antes y te aseguro que esta vez será mucho más placentero. Liberado de estructura canónica de la tesis, descubrirás y podrás recorrer aquellos caminos que quedaron truncos o que no pudiste advertir antes. Un consejo. Si sientes que no estás listo para empezar la tarea, prepárate: empieza a leer, es la manera más efectiva para adquirir herramientas propias de la escritura.

En esta parte es importante que liberes tu *voz*. En cada buen libro escuchamos como nos habla su autor. Encuentra la forma de tu frase, construye tus propios giros, aspira a la claridad y la precisión. No se trata de montar frases grandilocuentes ni de exagerar, se trata de decir exactamente lo que quieres decir en un lenguaje claro y comprensible con ritmo propio y en tu voz. La única manera de conseguirlo es escribiendo una y otra vez hasta quedar satisfecho. Pero recuerda, tu meta es publicar tu primer libro en seis meses o un año. No pierdas de vista tu calendario ni te enrosques en tareas imposibles.

La última etapa de la revisión a fondo es escribir la mejor *conclusión* para tu libro. No vale copiar y pegar la que usaste para la tesis. De nada te servirá, ya no es el mismo trabajo, ahora es algo más. El capítulo de cierre de un libro es muy importante, no se trata de un mero resumen de todo lo expuesto en las páginas anteriores. La conclusión debe "reflejar sin repetir" (Germano, 2008, p. 87). Debe cerrar el recorrido del lector que se inició con las primeras palabras de la introducción. Debe mostrar el final del viaje y llevar a nuevos terrenos novedosos.

6. De forma

Ya dije que con **forma** me refiero al hecho lingüístico en sí. Al plano más material y estético de la escritura. En este sentido, cuando hablamos de forma, también estamos hablando de estilo. Ten presente que dentro de las cualidades primordiales del buen estilo se encuentran la claridad, concisión, sencillez y naturalidad. Busca ayuda: asegúrate de contar con un par de lectores ávidos que dispongan del tiempo de leer tu trabajo. Pídeles que marquen tus virtudes, pero también tus defectos y ponte manos a la obra.

Si tu escritura se vuelve tediosa, seguramente, no estás prestando suficiente atención a la musicalidad de las palabras. Combina frases largas y cortas que marquen el paso de la lectura. No dejes que el lector caiga en el aburrimiento y pierda el interés. Las frases eternas no ayudan a mantener el hilo ni la atención del lector, pero las frases demasiado breves no permitirán presentar una idea acabada. Combina. Dale tiempo al lector para respirar y continuar.

Aprende a usar correctamente los signos de puntuación. Esto no solo te ayudará a marcar el ritmo del que hable más arriba sino también, a alcanzar una expresión más sólida. En relación a esto, Germano nos advierte sobre el uso excesivo de los dos puntos (:) y del punto y coma (;) en las tesis. Estos *vicios*, se relacionan con la falsa necesidad de aclararlo o ejemplificarlo todo. No subestimes a tu lector. Si el enunciado es lo suficientemente preciso, no necesitas añadir nada más tras los dos puntos o el punto y coma. Otras veces, este exceso es el resultado de la falta de claridad en el pensamiento. Y es que escritura y pensamiento van de la mano. En la medida en que uno se aclare, el otro también lo hará. Busca ejemplos en tu propia tesis. Toma un párrafo que contenga dos puntos o punto y coma y reescríbelo eliminándolos. ¿Cuál es el resultado? Te adelanto que quedarás muy sorprendido.

Otros de los vicios de la escritura académica que Germano resalta es el uso desmedido del pronombre *nosotros*. Ese "nosotros" omnipresente en las tesis y que, en el mejor de los casos hace referencia a la comunidad académica, se vuelve un problema a la hora de hacer que "una tesis suene como un libro" (Germano, 2008, p. 120). Deshacerse del nosotros implica que el autor asuma tal papel, pero sin caer en un "yo" que terminará siendo tan agotador como el nosotros. Para Germano el autor debe prescindir de los pronombres asertivos y mostrarse "por medio de la elección del lenguaje y la claridad de los argumentos" (Germano, 2008, p. 121).

Ya es momento de comenzar con la *revisión cosmética*. Para Germano la primera revisión cosmética recae sobre los títulos y subtítulos. Para construirlos nos aconseja evitar las citas literarias, los entrecomillados para denotar relevancia, así como intercalar signos de puntuación o utilizar el contraste entre lo abstracto y lo concreto entre título y subtítulo. Una vez más, recuerda que ya no estás ante tu tribunal, ahora debes pensar en cuál es la finalidad de tu libro.

Procura llevar de la mano al lector más que ponerlo a correr en una prueba de obstáculos, no abuses de los tecnicismos o palabras demasiado técnicas si no las explicaste antes y no son relevantes al objetivo del tema que estas desarrollando.

El intelectualismo es una tentación al momento de escribir un tu libro, es decir, el querer demostrar innecesariamente tu conocimiento puede distraer al lector, así que cuida de no querer impresionar al lector, que recordemos una vez más, ya no es tu tribunal. Puede ayudar el visualizarte en una conversación con algún compañero de la universidad o postgrado tomando un café. Un momento relajado pero contemplativo en la exploración de ideas y búsqueda de conclusiones.

Preocúpate por mantener la concordancia verbal y una correcta gramática. Pule las frases enrevesadas y controla la extensión de cada párrafo. Finalmente, realiza una última revisión donde solo reste chequear ortografía y formato y tu libro estará listo.

7. Digitalización de tu conocimiento

Es momento de convertir tu manuscrito en un eBook y es tan sencillo como copiar y pegar dándole formato en una plantilla de Word de Amazon KDP. Voy a dejarte el enlace para que las descargues y también, si lo prefieres, te dejaré una de esas plantillas con algunos contenidos pero cualquiera te será igualmente útil. Aunque para eBook no importa el tamaño de hoja debido a que el texto se acomoda de acuerdo a cada dispositivo en el que será leído, es recomendable usar una plantilla de 6x9 pulgadas que es el estándar para libros de No Ficción, si también vas a publicar la versión física en Amazon.

La tienda de Amazon tiene impresión por demanda en algunos países (Estados Unidos, España, Canadá, Reino Unido, Alemania, Francia, Italia, Japón y recientemente Australia). Esta manera de trabajo funciona de la siguiente manera, cuando un cliente compra tu libro en versión física, Amazon lo imprime en ese instante y se lo envía. Por esa razón tú solo debes subir tu libro en formato pdf. Sin embargo, en este libro solo nos concentraremos en el formato eBook (si deseas saber más del formato físico revisa al final del libro una sugerencia de un curso que me ayudó y podría servirte si también quieres sacar la versión física). Pero recordemos el objetivo de este libro, no es que vendas tu libro en la puerta de universidad, sino de subirlo en línea y con eso es más que suficiente para demostrar autoridad en todo el mundo, ya que una editorial tradicional, solo tiene un alcance limitado geográficamente hablando.

Descarga la plantilla de cualquiera de los siguientes enlaces (Si el primero no te manda al Drive, copia el link y pégalo en tu navegador) el segundo link te lleva a los recursos de Amazon KDP de donde puedes elegir más opciones:

Para utilizar una plantilla, haga clic en **Descargar**, abra la

Importante: Asegúrese de eliminar cualquier texto de mue
revisemos el manuscrito, lo rechacemos.

Descargar (Plantillas en blanco)

Descargar (Plantillas con contenido de muestra)

Si su manuscrito contiene imágenes o gráficos que se deb
Configurar tamaño de impresión, sangría y márgenes para

Luego debes buscar el archivo de Word que tenga este nombre "15,24 x 22,86 cm (6 x 9)". Estas plantillas ya tienen configurados los márgenes así que tú solo debes pegar tu texto y darle un formato. No modifiques los márgenes, están configurados para la versión física de esa forma. Al subirlos a Amazon KDP para el eBook tampoco te dará problemas.

Cuando termines de copiar tu libro a esta plantilla y estés configurando el índice sigue los siguientes pasos. Por favor síguelos tal cual. Comencemos con WINDOWS y luego con MAC.

WINDOWS:

Paso 1: Aplicar estilos de capítulo

1. Selecciona el primer título del capítulo.
2. Ve a la pestaña **Inicio**.
3. En la sección "Estilos", haz clic en **Título 1**.
4. Repite estos pasos en todos los títulos de los capítulos.

Paso 2: Insertar índice

1. Haz clic en el lugar donde quieres insertar el índice.
2. Ve a la pestaña Referencias y haz clic en **Tabla de contenidos**.
3. Elije **Tabla automática 1.**
4. Haz clic en **Tabla de contenidos** de nuevo, pero esta vez seleccione **Tabla de contenidos personalizada**.
5. En el cuadro de diálogo que aparece, borra el cuadro **Mostrar números de página.**
6. Configura **Mostrar niveles** en 1 y haz clic en **Aceptar**.
7. Cuando el programa te pregunte si quieres sustituir la tabla de contenidos (es decir, el índice), haz clic en **Aceptar**.

Paso 3: Añadir marcador

1. Destaca el título "Contenidos" del índice.
2. Ve a la pestaña **Insertar**.
3. En la sección Enlaces (Vínculos), haz clic en **Marcador**.
4. En el campo **Nombre del marcador**, escribe "toc" (sin comillas), y luego haz clic en **Añadir**.
5. Inserta un salto de página después del índice.

MAC

Paso 1: Aplicar estilos de capítulo

1. Selecciona el primer título del capítulo.
2. Ve a la pestaña **Inicio**.
3. En la sección Estilos, haz clic en **Título 1.**
4. Repite estos pasos en todos los títulos de los capítulos.

Paso 2: Insertar índice

1. Haz clic en el lugar donde quieres insertar el índice.
2. Ve a la pestaña Referencias y haz clic en **Tabla de contenidos**.
3. Elije **Clásico**.
4. Haz clic en **Tabla de contenidos** de nuevo, pero esta vez selecciona **Tabla de contenidos personalizada**.
5. En el cuadro de diálogo que aparece, borra el cuadro **Mostrar números de página.**
6. Configura **Mostrar niveles** en **1** y haz clic en **Aceptar**.
7. Cuando el programa te pregunte si quieres sustituir la tabla de contenidos (es decir, el índice), haz clic en **Sí.**

Paso 3: Añadir marcador

1. Selecciona el título "Tabla de contenidos" del índice.
2. Ve a la pestaña **Insertar**.
3. Haz clic en la sección Enlaces (Vínculos) y elije **Marcador**.
4. En el campo **Nombre del marcador**, escribe "toc" (sin comillas), y luego haz clic en **Añadir**.
5. Inserta un salto de página después del índice.

Recuerda que la versión eBook no debe tener páginas enumeradas. Al subir este archivo en Word, Amazon KDP lo convertirá en formato MOBI para dispositivos Kindle. En estos dispositivos o aplicativos el lector puede cambiar la fuente y su tamaño por eso no hace sentido que pongas números de página en la versión eBook.

Al finalizar cada capítulo debes poner "Saltos de Página" y no presionar varios "Enter" para crear espacios entre capítulos, no es necesario hacerlo. Te dejo una imagen de cómo encontrar esto en Word y abajo el paso a paso.

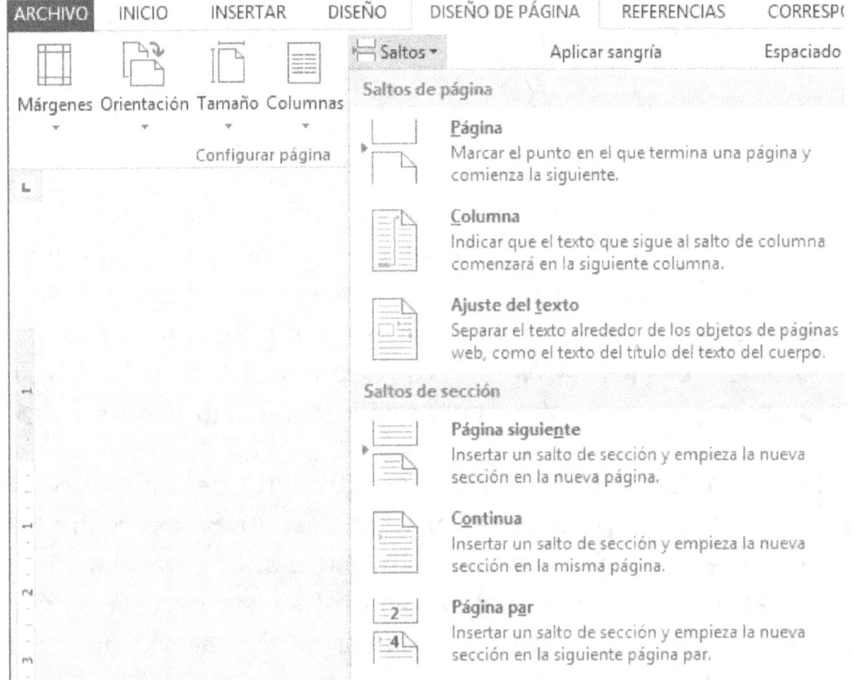

Primero debes dejar el cursor en la parte final del último párrafo del capítulo. Busca la pestaña de "Diseño de Página" y busca "Saltos", despliega el menú y elige "Página". Haz esto cada vez que quieras separar capítulos o apartados.

Para ver donde tienes estos Saltos de Página y donde no, activa la función de "Mostrar Todo" en Word. Para esto debes ir a la pestaña de "Inicio" y buscar el siguiente icono:

Dale clic y veras que ese ícono aparecerá en todos lados mostrándote donde tienes espacios con "Enter" y donde tienes "Saltos de Página". No te preocupes que esta función solo la puede ver tú y no se imprime ni se queda ahí, solo sirve para visualizar los formatos en tu documento Word. Puedes desactivarlo dándole clic en el mismo ícono si lo deseas.

Si tienes tablas o gráficos no abuses mucho de ellos. Procura que las tablas las pongas en formato imagen. Si son realmente importantes, es decir, si a algún estudiante estándar no le interesaría eso no lo pongas. Pero si es necesario para argumentar algún punto busca la forma de hacerlo de forma muy didáctica y entretenida.

Finalmente te recomiendo que no te detengas mucho en este punto. El perfeccionismo puede ser una trampa. Si requieres de un tutorial para resolver algún problema en específico búscalo en YouTube e inmediatamente aplícalo. El perfeccionismo es una forma de ocultar el miedo a ser criticados y corregidos. Por eso solemos ponernos un montón de requisitos a nosotros mismos y nos complicados la vida. Este paso no debería llevarte más de dos días con descansos.

8. Portada y Mockup

Si eres alguien como yo que ya tiene una idea de la portada que quiere para su libro antes de tener terminado el libro, te recomiendo que realmente esperes hasta tener el libro hecho, porque a veces a medida que se va desarrollando el libro puede ocurrir algo de magia y convertirse en algo inesperado, la idea o título del libro puede ir evolucionando a medida que se escribe. Por esta razón, si es bueno mandar a hacer la portada al final, pero también puedes tener un borrador de tu portada para pegarlo en tu pared como forma de motivarte para escribir su contenido.

No recomiendo que diseñes tu propia portada, a no ser que tengas conocimientos en diseño avanzados. En esto si es muy importante que inviertas en un muy buen profesional y podrás encontrarlo fácilmente en internet. No recomiendo buscarlos en Instagram, he visto diseñadores muy talentosos ahí pero que no son buenos trabajando como FreeLancer (sin intensión de generalizar), más bien buscan en plataformas donde hay diseñadores o ilustradores ofreciendo sus servicios de alta calidad a un muy buen precio. Voy explicarte paso a paso cómo delegar tu portada de libro tanto para la versión ebook como versión física, además del mockup de tu libro.

Lo primero será descargar la plantilla de cubierta de tu libro de Amazon KDP, para esto necesitaras tener ya definida la cantidad de páginas para calcular el tamaño del lomo de tu libro en la versión física, ya que no es lo mismo un libro de 50 páginas que uno de 200 páginas, en el primero el lomo será más delgado que en el segundo caso. También necesitaras introducir las medidas de tu libro, si lo hiciste en la plantilla de 6x9 pulgadas entonces solo elegirás esa dimensión. Elije papel de color blanco y luego dale clic en el botón amarillo "Descargar plantilla de cubierta".

Plantillas para cubiertas de libros de tapa blanda

Con estas plantillas podrá crear cubiertas para libros de tapa blanda listas para imprimir
Puede utilizar cualquier software que abra archivos .png o PDF y guardarlos como archiv

Puede descargar estos archivos y enviárnoslos con las dimensiones, el diseño y la sangrí

Si desea obtener los mejores resultados, le recomendamos que dé formato a su cubierta

Elija su plantilla

Tamaño de impresión

15.24 x 22.86 cm (6 x 9 in) ∨

Recuento de páginas

168

Color del papel

Blanco ∨

Descargar plantilla de cubierta

Cómo utilizar su plantilla

1. Abra el archivo de la plantilla en PDF o PNG d
   de imágenes que utilice.

2. Cree una nueva capa con su programa de edic

3. Cree su portada en la capa de diseño con la p
   hasta el borde exterior de la zona rosa de la p
   imprima. La capa guía está alineada según nu

4. Compruebe que el texto o las imágenes que s
   plantilla.

5. La zona amarilla es para el código de barras. I
   se lea en el lugar donde estará situado el códi
   color o el diseño de fondo. KDP generará un c
   cuando se imprimen las copias.

6. Cuando el diseño esté terminado, deberá des
   y para pasar el proceso de revisión de la cubie
   formato al diseño para que la cubra completa

7. Aplane todas las capas, guarde el archivo con

Entra en el siguiente enlace para generar tu plantilla de cubierta de tu libro (también puedes buscar en google "plantillas de cubierta Amazon KDP):

https://kdp.amazon.com/es_ES/cover-templates

Al descomprimir los archivos descargados tendrás la plantilla de tu cubierta en dos formatos, una en PNG y otra en PDF. Tendrán la siguiente apariencia

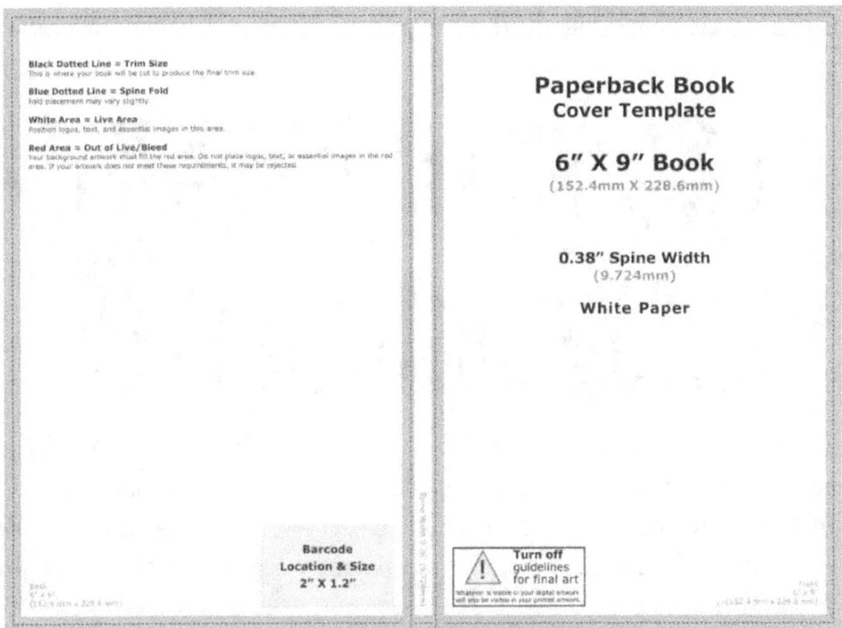

Esta plantilla te servirá para mandársela a tu diseñador de portadas. Ahora para la versión ebook de tu libro te daré las medidas en pixeles. Tranquilos que hice un modelo de cómo redactar el mensaje a tu diseñador y lo único que tendrás que actualizar serán tus datos y poner la plantilla de cubierta de tu libro que descargaste de Amazon KDP (Están al final del capítulo).

Lo que sigue es buscar a tu diseñador o ilustrador y para esto voy a sugerirte 2 plataformas aunque hay varias. La primera se llama Workana, ahí podrás encontrar freelancers que hablan español. La forma de usarlo es simple, crearas tu cuenta como cliente y luego publicaras un proyecto en base al modelo de mensaje que te mencioné en el anterior párrafo que te iba a dar. Lo bueno de Workana, y la razón por la que la uso mucho, es que cuando hago el pago por adelantado, ellos retienen el pago hasta que yo decida liberarlo por partes al diseñador, ya sea en 2 o 3 partes del monto total. Esto evita ser estafado y protege a las dos partes. Puedes pagar a través de tarjeta de debido y si quieres mayor seguridad también puede usar PayPal.

La otra opción es Fiverr, ahí hay más cantidad de diseñadores pero su forma de trabajo es diferente, los precios y servicios ya son fijos y tendrás que comunicarte en ingles en la mayoría de los casos. También puedes buscar otras plataformas de freelancers.

Una vez que publiques tu proyecto en Workana, te escribirán varios freelancers para hacerte propuestas. Pídeles que te den ejemplos de trabajos anteriores. Luego que elijas a uno de ellos con quien sientes confianza, puede pedirle 2 propuestas de borrador para elegir una que te agrade. No compartas información de contacto por Workana porque ellos podrían bloquear tu cuenta. Delega la portada y el Mockup al ilustrador que contrates.

Una vez que termine todo el proceso, no pierdas contacto con el diseñador por si necesitas alguna modificación extra que hacer, no es común, pero a veces Amazon se pone muy exigente con algún detalle de la portada y podrías necesitar algún ajuste. No entres en pánico si Amazon te rechaza la portada, siempre se soluciona las observaciones que te hacen pero te lo menciono para estar preparados. Amazon te mandará un correo explicándote los ajustes necesarios.

Si quieres hacer tu propio Mockup y tienes algo de conocimientos básicos en Photoshop te dejo unas plantillas en el siguiente enlace (Busca la de 6x9 para tu portada):

https://covervault.com/

Si Photoshop no es lo tuyo también tengo otra opción, existe una página web generadora de Mockups para libros. Solo debes subir los archivos a este enlace y elegir el que prefieras y luego descargarlo. Así de simple.

https://diybookcovers.com/3Dmockups/#tabBody1

Ejemplo de mensaje o proyecto para tu diseñador:

Hola. Necesito el diseño de la portada de mi libro para Amazon KDP en los 2 formatos (versión física de Tapa Blanda y versión ebook para Kindle). Te adjunto la plantilla para la versión física con el lomo para XXXX páginas. Para la portada de ebook las medidas son 2560 píxeles de altura x 1600 píxeles de anchura en formato JPG. También requiero el Mockup de mi libro con mis datos para todas mis redes sociales (Facebook, Instagram, Twitter, XXXXX, etc.) Envíame 2 propuestas en borrador para elegir.

9. Algo que pocos saben de Amazon

Ahora crearemos tu cuenta en Amazon Kindle Direct Publishing (KDP), para esto debes abrir antes tu cuenta de comprador en Amazon si es que todavía no la tienes. Luego de crear esta cuenta podrás registrarte en Amazon KDP. Cambia el idioma a español, desde la misma página de KDP (Ojo: no uses el traductor de páginas de google, desactívala para evitar problemas con el OTP). Dale clic donde dice "Iniciar Sesión".

Autopublique sus eBooks y libros de tapa blanda de manera gratuita a través de Kindle Direct Publishing y

Luego ingrese donde dice "Su Cuenta" y encontrará 3 tipos de datos que tiene que llenar.

a) Información sobre el autor o editor

En estas casillas debe llenar sus datos reales, por favor no invente nada. Le recuerdo que por cada ordenador solo puede crear una cuenta de KDP. No abra más de una porque Amazon podría banearla.

Información sobre el autor o editor

Complete sus datos personales.

País

Nombre completo
(¿Qué es esto?)

Línea de dirección 1

Línea de dirección 2
Opcional

Ciudad

Estado/provincia/región

Código postal

Número de teléfono

b) Recibir los pagos

Si vives en Latinoamérica, vas a necesitar una cuenta en los Estados Unidos y para esto hay una solución muy sencilla. Debes crear una cuenta en Payoneer, ellos abrirán una cuenta en EEUU por ti, el registro es gratis.

Te comparto mi enlace de referido para que Payoneer te obsequie $ 25 USD:

http://share.payoneer.com/nav/kQNb8ZE2zDuq3jq2msSwUpWWlQAZf
DlwEQA37VkLJ8Ap3xDXAl_fPWLjzF4cbTLc0vUNgNOG6LWTUqXHk
xc0gw2

Para abrir tu cuenta en Payoneer vas a necesitar los siguientes datos así que alístalos en un Word:

Nombre, Apellido, Correo electrónico y Fecha de nacimiento

País, Dirección, Ciudad, Código Postal y Teléfono de contacto

Pasaporte o Documento de identificación nacional, número y el país emisor de tu documento

Sigue los pasos que te indicará Payoneer y en el plazo de unas horas tendrás habilitada tu cuenta en los EEUU. Una vez que tengas esta cuenta (que por lo general es First Century Bank) agrega esos datos bancarios a tu cuenta de Amazon KDP. Para encontrar esos datos, ingresa a tu cuenta de Payoneer y elije la que está en USD, dale clic en los tres puntitos.

Busca la que este en Estados Unidos y dale clic en "Ver detalles". Ahí encontraras todos los datos que te pide Amazon KDP, cópialos tal cual. Luego dale clic al botón amarillo "guardar" que se encuentra muy abajo.

c) Información tributaria

Finalmente debes llenar tus datos tributarios. Llénalos como persona individual con tus datos de tu país, porque no eres estadounidense ni eres residente. En TIN solamente pon tu número de identificación ciudadana (en algunos países le llaman DNI, Cedula de Identidad, Numero de Identificación, etc.), luego habilita la firma electrónica, envía y listo.

Si por alguna razón tuvieras algún problema en alguno de esos pasos, consulta con el soporte de estas plataformas (Amazon KDP, Payoneer) que tienen un excelente servicio al cliente. También puedes mandarme un correo electrónico y aunque tarde un poco te responderé.

Una vez que tus datos estén completos, tu cuenta ya estará habilitada para poder publicar tu libro en Amazon.

10. Hora de la luz

Subiendo tú libro a KDP. El momento más importante, estoy seguro que estarás un poco inseguro o insegura de publicar tu libro porque suelen surgen algunos detalles y cosas que quisieras corregir a último momento pero debes luchar contra estos pensamientos de perfeccionismo que solo están guiados por el miedo.

Si te ves retrasando muchos días esta parte es porque hay un temor dentro de ti que de esta bloqueando para seguir. Para estoy recomiendo un pequeño ejercicio y consiste en anotar en una hoja de papel dividida en dos partes.

MIEDOS	BENEFICIOS
-	-
-	-
-	-

Haz una lista de los miedos que surjan como por ejemplo uno que yo tenía era "ser juzgado por algún error ortográfico que hubiera en mi libro", y una vez que identifiques estos temores dales gracias. ¿Cómo? Sí, dales las gracias porque ellos por el instinto de supervivencia que tenemos y como ecos del pasado cuando nuestros padres nos decían que nos cuidemos de hacer algo, nos quieren proteger de salir lastimados o heridos. "Gracias temores por quererme proteger, yo sé que su intención es cuidarme y se los agradezco".

Ahora pon una lista de beneficios que podrás obtener después de publicar el libro, trata que esta lista sea mucho más larga que la de los temores, desde beneficios grandes hasta beneficios pequeños, no escatimes en ser detallista. Una vez que termines, léelos y ponlos en algún lado visible para que te recuerden por qué estas publicando tu libro. Este es un ejercicio que yo hago cada vez que me veo retrasando una decisión.

Luego de este sencillo pero potente ejercicio entremos a tu Biblioteca de Amazon KDP. Dale clic en la sección "Crear un nuevo título" en "+ eBook Kindle"

Te aparecerán 3 pestañas, la primera de Detalles, la segunda de Contenido y la tercera de Precio:

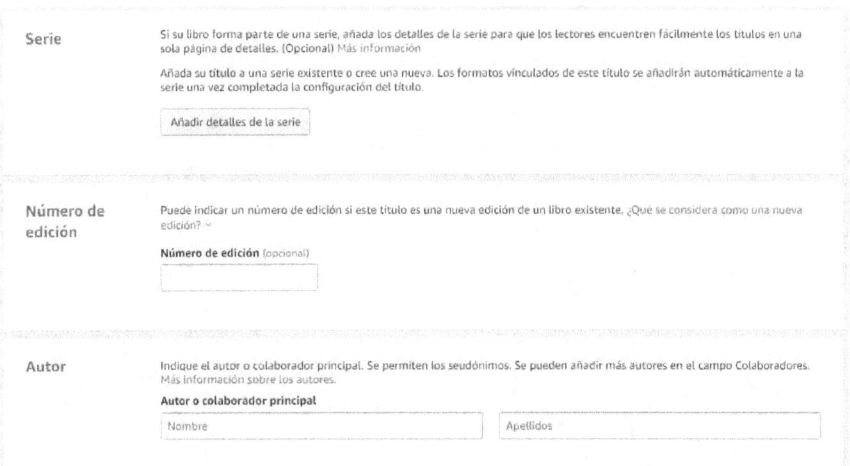

En detalles debes elegir el idioma. Copia el título de tu libro y subtitulo si es que lo tienes (Ojo: en la portada de tu libro deben estar las mismas palabras que pongas en la casilla de "Título del libro"). Luego tendrás la opción de "Serie" y "Número de edición" pero no son necesarios de llenar así que déjalas en blanco. Lo que sí es necesario son el nombre y apellido del autor. Puedes poner tú nombre como tú quieras e incluso crear un seudónimo.

Luego hay un espacio para los Colaboradores que no son necesario llenarlas, pero si la parte de la "Descripción". Trata de que sea comercial, es decir, que llame la atención del lector.

En la sección de "Derechos de publicación" elige la primera opción que dice "Tengo los derechos de autor y los derechos de publicación necesarios". En "Palabras clave" llena los 7 espacios con términos de búsqueda o palabras relacionadas a tu libro.

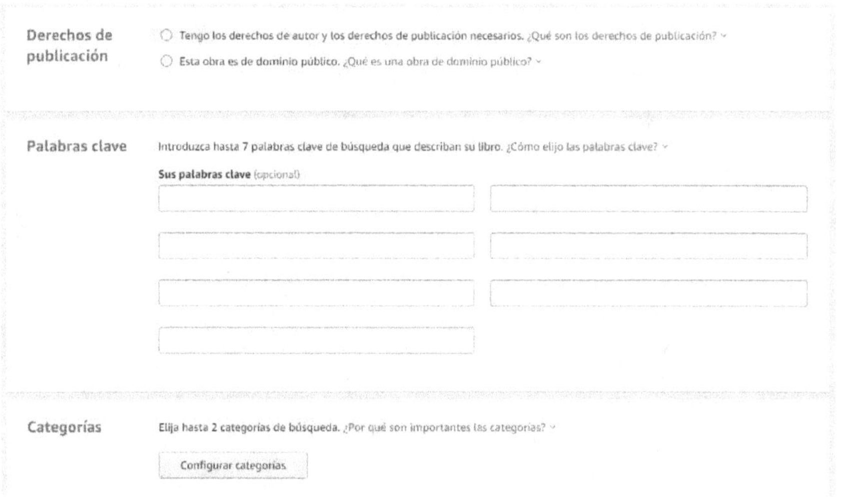

En "Configurar categorías" debes elegir al menos una categoría. Busca una categoría en el menú de "No Ficción".

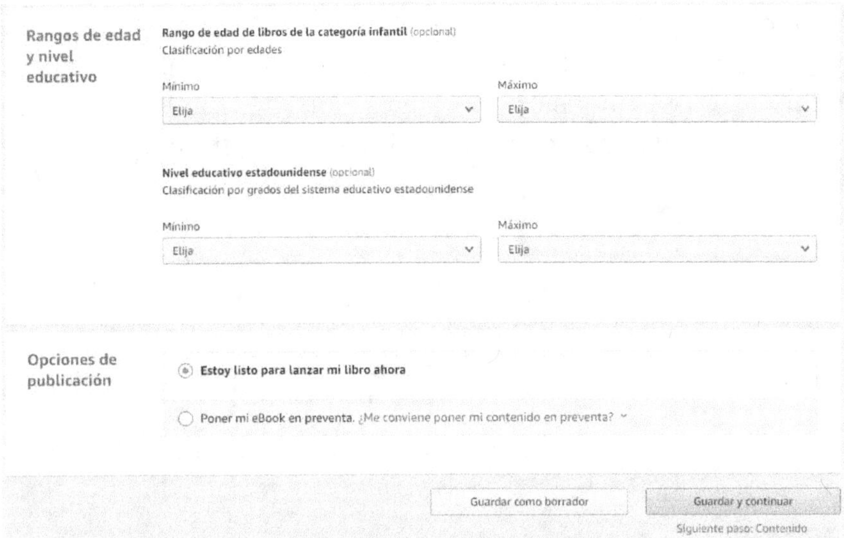

En la sección de "Rangos de edad y nivel educativo" no selecciones nada. En la parte de "Opciones de publicación" tienes 2 opciones: la primera es para lanzar tu libro ese día y la segunda opción es para ponerlo en preventa y puedes elegir una fecha posterior al día en que estas llenando los datos. Luego dale a "Guardar y continuar".

Pasaras a la segunda pestaña de "Contenido". En la sección de "Manuscrito" déjala en la casilla de "No". Y ahí mismo habrá un boto amarillo que dice "Subir manuscrito de eBook" que es donde debes cargar tu archivo de Word de tu libro.

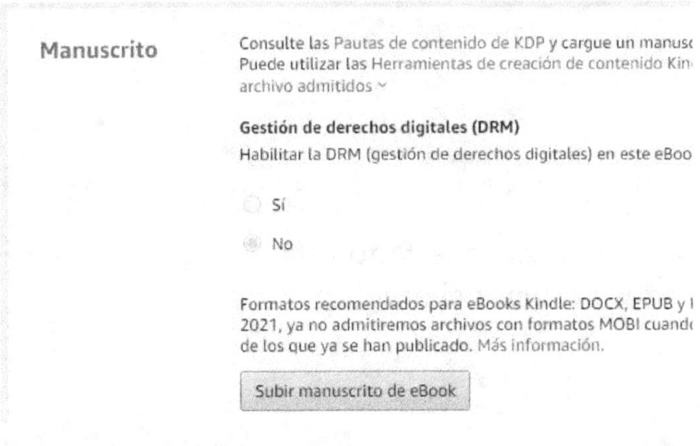

Luego de haber subido el interior debes subir la portada de tu libro y para el caso del eBook estamos hablando solo de la cara del libro. Las dimensiones ideales son de 2560 píxeles de altura x 1600 píxeles de anchura. Elige la segunda opción que dice "Suba una portada que ya posea".

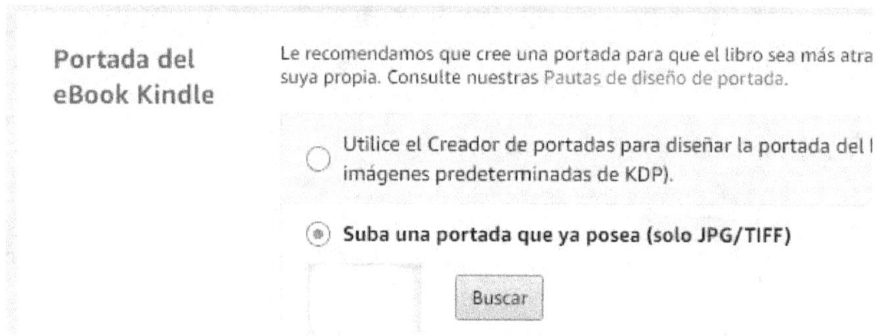

Después de subir estos archivos puede previsualizar tu eBook dándole clic en "Abrir Previewer".

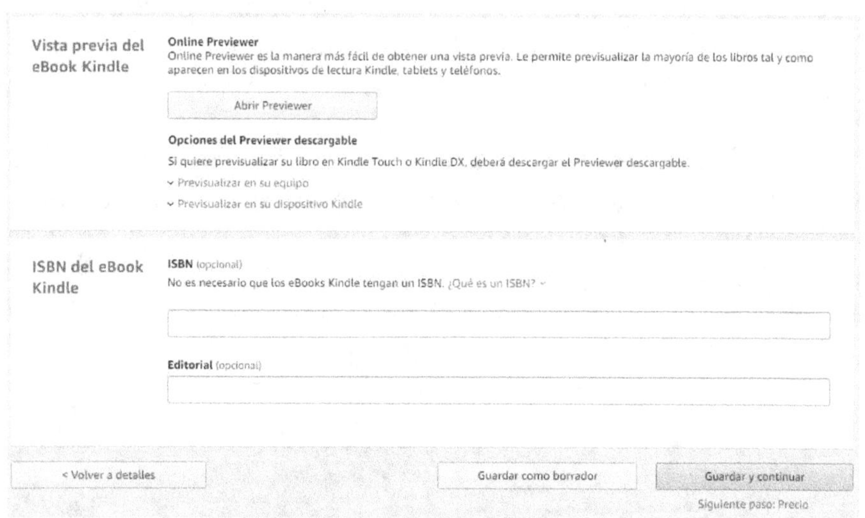

Después de verificar que todo está bien dale clic donde dice "Volver a los detalles del libro".

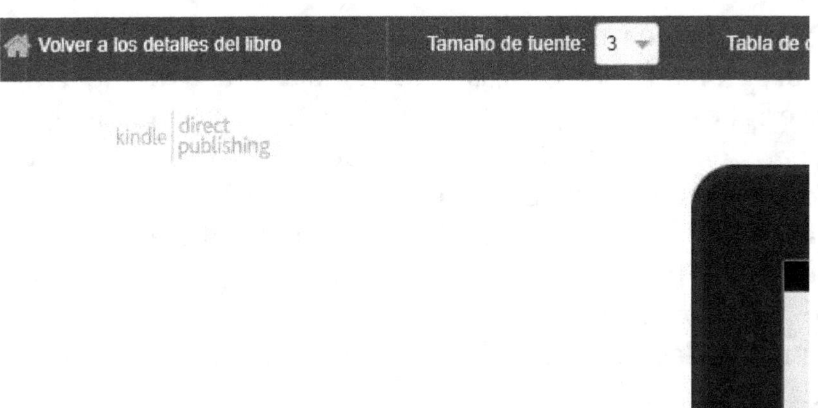

Luego te aparecerá la opción de ISBN pero para eBook no es necesario (para la versión física si es necesario pero Amazon de la obsequia). Dale a guardar y continuar.

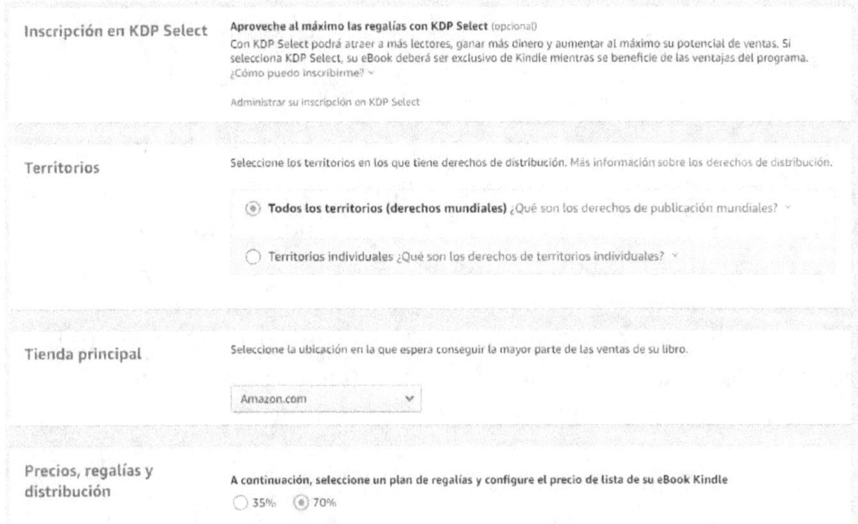

Inscripción en KDP Select — **Aproveche al máximo las regalías con KDP Select** (opcional)
Con KDP Select podrá atraer a más lectores, ganar más dinero y aumentar al máximo su potencial de ventas. Si selecciona KDP Select, su eBook deberá ser exclusivo de Kindle mientras se beneficie de las ventajas del programa. ¿Cómo puedo inscribirme? ˅

Administrar su inscripción en KDP Select

Territorios — Seleccione los territorios en los que tiene derechos de distribución. Más información sobre los derechos de distribución.

◉ **Todos los territorios (derechos mundiales)** ¿Qué son los derechos de publicación mundiales? ˅

○ Territorios individuales ¿Qué son los derechos de territorios individuales? ˅

Tienda principal — Seleccione la ubicación en la que espera conseguir la mayor parte de las ventas de su libro.

Amazon.com ˅

Precios, regalías y distribución — **A continuación, seleccione un plan de regalías y configure el precio de lista de su eBook Kindle**
○ 35% ◉ 70%

La inscripción en el programa KDP Select no es obligatoria. Este programa tiene ventajas y desventajas que te invito a que lo averigües por tu propia cuenta ya que este manual no indagara en este punto. En Territorios elige la opción de "Todos los territorios". En tiene principal déjala por defecto en Amazon punto com, de todas formas se publicara en todas las tiendas de Amazon. Selecciona el plan de regalías en 70% y elige un precio para tu eBook entre 2,99 a 9,99 USD. Finalmente deja la opción de "Préstamos del libro" como esta y dale clic al botón amarrillo de "Publicar".

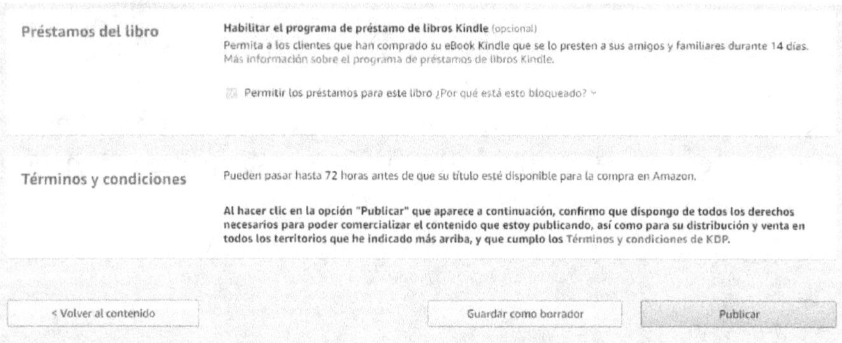

Felicidades, en este punto ya has publicado tu libro y es cuestión de esperar un poco. Si existe alguna observación de Amazon KDP sobre tu libro, te mandaran un correo electrónico al correo de tu cuenta.

Si deseas alguna información en específico de algún formato especial porque tu libro lo requiera puede revisar algunas pautas de Amazon KDP en el siguiente link:

https://kdp.amazon.com/es_ES/help/topic/G201723130

11. Tu libro en Bibliotecas Digitales del Mundo

Existen plataformas que se las conoce como agregadores, es decir, que al subir en ellas nuestros libros electrónicos, ellos lo publican en varias plataformas (más adelante te mencionaré en cuáles). Esta te permite publicar en línea y de forma gratuita y masiva y se conoce como Draft2Digital.

https://www.draft2digital.com/r/YOa9Aq

La tarifa de Draft2Digital, que representa aproximadamente el 10% del precio de lista que tú estableces para tu libro, cubre servicios esenciales como conversión, distribución y seguimiento de ventas. Este modelo significa que Draft2Digital solo gana cuando usted gana, aliviando cualquier preocupación financiera inicial.

Para libros electrónicos, la mayoría de las tiendas retienen alrededor del 30%, mientras que Draft2Digital toma aproximadamente el 10%, dejándole un 60% del precio de lista. En el caso de libros impresos, ganará alrededor del 45% del precio de lista, menos el costo de impresión base.

Crear una cuenta en Draft2Digital es simple y gratuita. Solo se requiere un nombre y una dirección de correo electrónico, sin costos. Draft2Digital respeta la propiedad intelectual del autor, permitiendo un control total sobre el momento y el lugar de la distribución. Regístrate aquí:

El proceso de conversión de manuscritos a libros electrónicos o impresos se realiza con facilidad. Draft2Digital acepta formatos populares como documentos de Word (.doc o .docx), y también archivos epub para libros electrónicos. Además, ofrecen la opción de descargar los archivos convertidos de forma gratuita, incluso si decides no publicar a través de ellos. La plataforma se adapta a diversos estilos de formato sin imponer una guía de estilo única.

Si ya tienes el archivo que usaste para Amazon KDP puedes utilizar el mismo para subir a Draft2Digital.

En caso de problemas, Draft2Digital destaca por su servicio al cliente experto y amigable, pero debes de escribirles en inglés en comparación de Amazon KDP. Con correo electrónico disponibles durante la semana y opciones en cualquier momento, te aseguran una atención rápida y completa a cualquier inquietud.

Draft2Digital se presenta como una opción confiable para escritores que desean llevar sus obras del anonimato al reconocimiento, ofreciendo un proceso sencillo y apoyo constante a lo largo de su viaje de publicación.

Draft2Digital te ayudará a publicar tu libro en las siguientes plataformas y eres libre de elegir en cuáles sí y en cuáles no (si ya la publicaste en Amazon KDP ya no es necesario publicarla ahí, así que al momento de publicarla en Draft2Digital no marques Amazon KDP):

- Amazon
- Apple Books
- Barnes & Noble
- Kobo (including Kobo Plus)
- Smashwords Store
- Tolino

- OverDrive

- Bibliotheca

- Scribd

- Baker & Taylor

- Hoopla

- Vivlio

- BorrowBox

- Odilo

Draft2Digital también te creará una página en la que se concentraran todos los links hacía todas las versiones y plataformas en las que está tu libro, te dejo de ejemplo el mío:

https://books2read.com/u/31K6o6

Una vez que has dado el paso de hacer clic en "Publicar" en Draft2Digital, comienza el emocionante proceso de llevar tu obra del escritorio al mundo. Draft2Digital se encarga de enviar los archivos y metadatos de su libro a las tiendas seleccionadas, marcando el inicio de su presencia en las bibliotecas digitales del mundo.

La rapidez con la que su libro aparecerá en cada tienda o plataforma varía, ya que depende de los procesos individuales de cada plataforma. Draft2Digital, consciente de la importancia del tiempo, colabora estrechamente con sus socios para agilizar este proceso, aunque el tiempo exacto está fuera de su control.

En el ámbito de los libros electrónicos, algunas tiendas pueden tener su obra disponible en cuestión de horas, mientras que otras, con procesos de revisión más manuales, pueden demorar unos días. Las tiendas destinadas a bibliotecas suelen requerir un tiempo adicional. En mi experiencia puede tardar entre una semana a semana y media hasta estar en todas las plataformas seleccionadas.

En contraste, los libros impresos llevan consigo tiempos de publicación más extensos, generalmente alrededor de dos semanas.

En cuanto a la distribución, Draft2Digital otorga al autor el control total. Al publicar un libro electrónico, el autor decide en qué tiendas desea que esté disponible, simplemente marcando las casillas correspondientes. Esto permite una estrategia de distribución flexible y adaptada a las preferencias del autor.

En el caso de los libros impresos a través de D2D Print, la disponibilidad se extiende a Amazon y a todos los canales de distribución atendidos por Ingram, incluyendo importantes minoristas como Barnes and Noble y diversas librerías independientes en Estados Unidos. Además, los libros impresos también están disponibles para pedidos en tiendas físicas (Una vez más, si ya publicaste la versión física en Amazon KDP ya no es necesario seleccionar esa tienda dentro de Draft2Digital)

Draft2Digital brinda la opción de ampliar el alcance de la obra, especialmente en el caso de autores que desean diversificar sus canales de distribución.

Draft2Digital asignará automáticamente un ISBN a cualquier libro publicado a través de su sistema de forma gratuita si lo eliges. La agencia de grabación de ISBN designará a Draft2Digital como el "proveedor de registro" en su sitio web para cualquier compra de ISBN D2D, pero esa etiqueta no nos otorga ningún derecho sobre su trabajo ni lo mostrará públicamente. Tú siempre tendrás todos los derechos sobre tu libro. Todas sus tiendas digitales seguirán mostrando el nombre del editor que elija (o, si dejó el nombre del editor en blanco, mostrará su nombre de autor).

https://www.draft2digital.com/r/YOa9Aq

Mientras se hace la luz

No seas frío con el lanzamiento de tu libro. Genera un poco de expectativa en tus redes sociales. No subestimes el poder de las redes sociales. Me ha pasado que gente que ni pensaba se enteró de mis publicaciones porque alguien de mis redes sociales le comentó que había publicado sobre cierto tema.

Utiliza en tus redes sociales los Mockup que te hizo el ilustrador. También puedes contactar con alguna institución u organización para una pequeña entrevista trasmitida, ya sea por Zoom, Streamyard. Haz una lista de 60 blogs, organizaciones, instituciones, ONGs, influencers, etc. Que estén relacionados a tu tema y envíales un correo electrónico proponiéndoles dar una charla o entrevista sobre tu tema, no para que compren tu libro, solo para socializar tu conocimiento y de paso comentar que publicaste un libro.

Siéntete orgulloso, orgullosa de tu libro. No es necesario que tus amigos lo compren. Solo comparte tu alegría por haber logrado esa meta. También se paciente, al principio nadie te contactará pero dale tiempo. Hablando de eso, es bueno que pongas en tu libro una forma de contactarse contigo. Procura que sea un correo electrónico de trabajo y formal. No pongas algo como tugatita18@ o tupapi69@.

Finalmente incluye en tu Curriculum Vitae la publicación de tu libro. Ten todos los datos de tu libro disponibles para acomodarlos a los diferentes formatos que solicitan algunos organismos internacionales. Siempre como autor independiente.

Sobre el autor

Ben Guther es un Psicólogo Social que ayuda a *millennials* con herramientas para desarrollarse profesionalmente debido a las experiencias que tuvo al asumir altas responsabilidades apenas ingreso al mundo laboral.

Antes de empezar como autor independiente, Ben trabajó 8 años como Consultor externo y como Investigador Social. Después de una exitosa carrera profesional como asesor en Planificación Estratégica a Coordinadores y Gerentes de ONGs (principalmente Visión Mundial Internacional) y socializando estudios sobre los *millennials*, Ben ahora escribe sobre cómo desarrollar el talento humano. También es autor del libro "El Arte de Estresarte" (2020) y "Cómo Analizar a las Personas en tu trabajo" (2020).

Ben disfruta de leer siempre acompañado de un poro con yierbamate y es un gran fan del universo de Star Wars.

Ben está disponible para tu organización o mediana empresa, atento a resolver cualquier consulta privada. Puedes contactar con Ben a través de su correo electrónico: gutherben30@gmail.com. Instagram: @ben_guther24

Si te interesa hacer la versión física de tu libro hay un curso muy extenso que enseña cómo hacerlo y además te muchos otros aspectos orientados a la comercialización de libros en Amazon KDP. Si te interesa saber más de él puedes contactar por Whastapp con el siguiente enlace

https://wa.link/t1yuzj

wa.link/t1yuzj

BIBLIOGRAFIA

Puroperiodismo. (2017). *Tres periodistas cuentan cómo convirtieron en libros sus tesis universitarias.* http://www.puroperiodismo.cl/tres-periodistas-cuentan-como-convirtieron-en-libros-sus-tesis-universitarias/.

Germano, W. (2008). *Cómo transformar tu tesis en libro.* Siglo XXI.

GUIA PARA TU BIBLIOGRAFIA EN APA:

Apellido/s del autor/s, Iniciales del nombre. (Año de publicación). *Título del libro* (cursiva). Editorial.

BONUS

BONUS: COMO PUBLICAR TU EBOOK EN HOTMART GRATIS

Introducción

Un eBook puede ser el primer paso para empezar una estrategia online exitosa y dar inicio a ganar dinero en Internet o crear marca personal. El libro electrónico se ha vuelto un formato muy utilizado desde la pandemia, impactando grandemente en el ámbito educativo y en la digitalización de la economía.

Si crees que no eres bueno para las ventas, no te preocupes, Hotmart te da la opción de activar o no el "Programa de Afiliados" de tu infoproducto. Hotmart utiliza el marketing de afiliados y podrías aprovechar el talento de personas que son buenos para las ventas y ellos podrían encargarse de vender tu libro a cambio de un porcentaje de comisión que tu definas.

Hay muchos afiliados buscando productos para promocionar y vender. Tú como productor siempre tendrás control de quienes son tus afiliados y el rendimiento de sus ventas. Los afiliados serán tus mejores aliados y te serán de gran ayuda.

El registro es gratuito, solo pagas una tarifa por cada venta que realizas, antes de eso no pagas nada. Esto es una gran ventaja para quien empieza, además que Hotmart te soluciona el problema de recibir los pagos de distintos países del mundo.

Paso 1. Cuenta Gratis en Hotmart

El primer paso es crear tu cuenta en Hotmart si todavía no lo has hecho. Es tan sencillo como introducir tu correo electrónico y una contraseña segura. Si ya compraste algún producto antes en Hotmart, no necesitas crear una cuenta porque ya la tienes pero debes activar la opción como vendedor (Productor) con tu mismo correo electrónico y contraseña de Hotmart. Para ir a Hotmart sigue o escanea el siguiente enlace:

https://www.hotmart.com/es

Una vez estando en la página dale clic en "Regístrate", luego llena tus datos y elige la opción "Vender Productos".

Paso 2: Crear tu Portada Digital en Canva

Si ya creaste tu portada sáltate este paso. Pero si todavía no lo hiciste sigue los siguientes pasos.

Puedes usar la plataforma de Canva para crear una de forma muy sencilla. Incluso existen varias plantillas para que las puedas usar gratis y personalizar como tú quieras.

Ingresa a la Plataforma de Canva

Comienza iniciando sesión o registrándote usando tu cuenta de Google o Facebook y luego busca en el espacio de búsqueda: "Portadas para libros"

Elige una plantilla

Existe una gran variedad de diseños y estilos que puedes filtrar usando la herramienta de búsqueda o eligiendo una de las sugerencias de etiquetas que te aparecen en color gris.

Te dejo un enlace para que puedas hacerla tú mismo.

https://www.canva.com/es_mx/portadas-libros/plantillas/

Luego elige una que te atraiga o que te guste su estilo para personalizar y dale clic, te aparecerá un botón que diga "Personaliza esta plantilla" y dale clic como ves en la siguiente ilustración:

Verde Amarillo Foto Flores Floral Electrónico Libro Portada

Portada para libros • 1410 × 2250 px

Personaliza tu portada

Comienza arrastrando y soltando todos los elementos de tu portada, es fácil y muy intuitiva. Puedes cambiar la imagen, el texto, las fuentes y colores como tú lo desees. No te preocupes por los derechos de autor si estas creando una nueva versión a partir de la plantilla.

Imágenes gratis para tu portada

Si deseas usar imágenes o fotografía gratuitos para tu portada te sugiero que los descargues de Unsplash, lo único que se necesita es dar una mención en los créditos al creador de la imagen. Te recomiendo que no cargues mucho tu portada con imágenes, trata de usar una que sea muy minimalista o que no ocupe mucho espacio. El título de tu libro debe ocupar más del 50% de la portada y debe resaltar, recuerda que la mayoría de las personas ahora ven contenido desde sus dispositivos móviles y tener el título de tu libro con letras muy delgadas y pequeñas no llamará para nada la atención. Te dejo el enlace de esta plataforma:

https://unsplash.com/es

Exportar el archivo de tu portada

Una vez que termines de crear tu portada dale clic en compartir y elige la opción "Descarga" y en tipo de archivo elige PNG o JPG. Con este archivo ya estamos libros para la siguiente etapa.

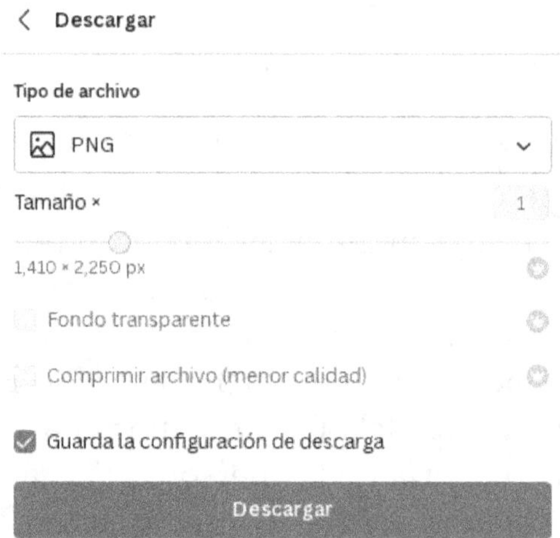

Paso 3: Crear el Mockup (Portada en 3D)

El Mockup es la versión en 3D de tu libro y es fácil de crear en línea con los siguientes pasos:

1. Ve a esta página:

https://diybookcovers.com/3Dmockups/

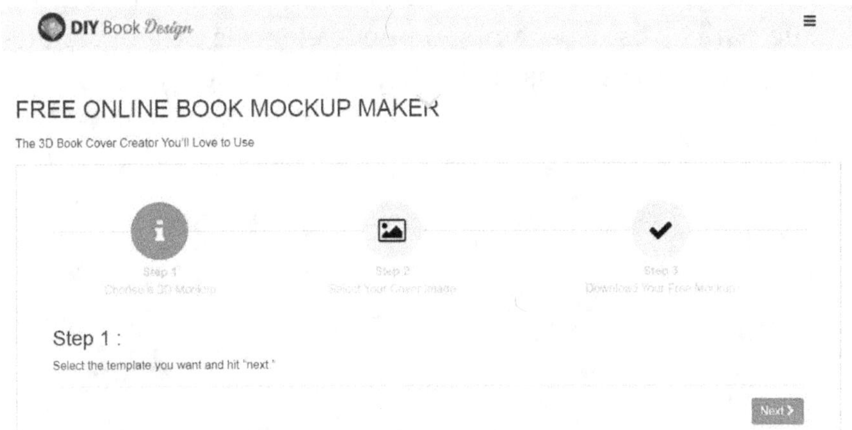

2. Selecciona el mockup que más te guste y presiona en el botón "next":

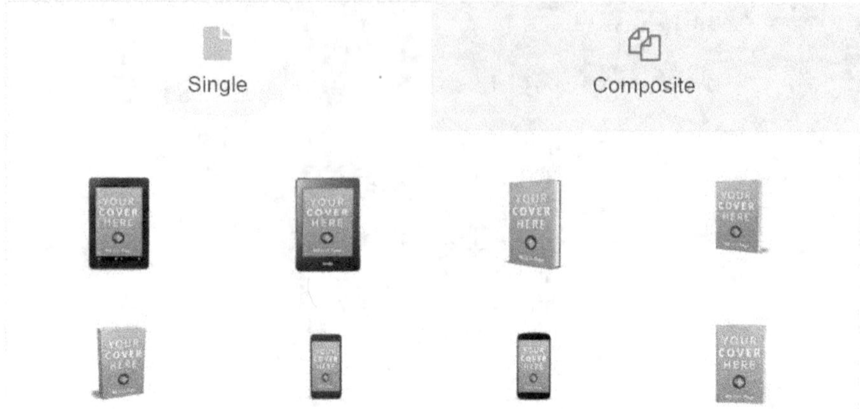

Para subir a Hotmart es mejor que elijas uno simple, aunque para otros usos también puede elegir la otra opción de "Composite". En este caso solo elegiremos "Single".

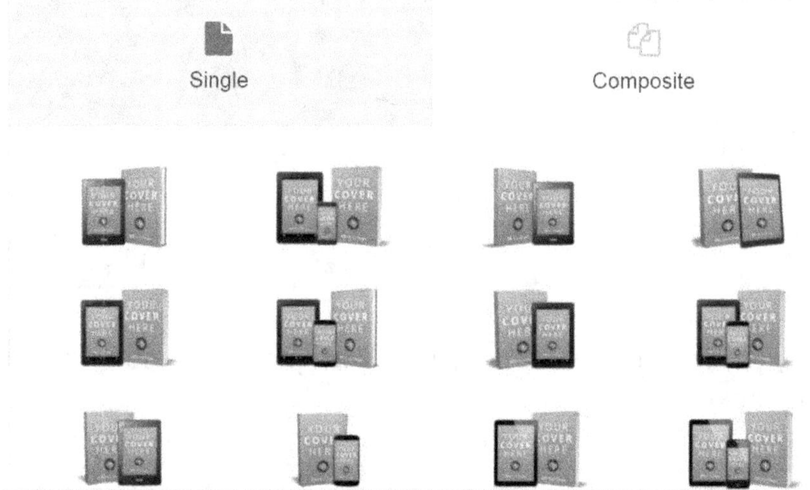

3. Busca la portada de tu ebook en tu dispositivo yendo a "Browse":

4. Luego presiona "upload" para que cargue el archivo en la plataforma. Espera que se cargue al 100% y luego dale clic en "next":

Ahora te indicará que el "paso 3" está terminado, es decir, que tu mockup está creado. Esta herramienta al ser bastante simple no muestra una imagen del mockup, por eso deslízate hasta el fin de la página y verás dos botones: "PNG" y "JPG".

Selecciona el formato en el que quieras descargar tu mockup, te recomiendo hacerlo en PNG.

¿Cuál es la diferencia entre estos dos formatos?

El JPG es un formato de imagen comprimido, es de menor calidad, pero más ligero para cargar rápido. Lo malo es que no te descarga la imagen del mockup con transparencias, por lo que no podrás modificar el fondo de tu libro, pero en la mayoría de los casos será suficiente para Hotmart.

PNG es un formato sin comprimir, de mayor calidad y con transparencia (sin fondo). Te recomiendo este formato para que puedas ponerlo en otras imágenes que tengan un fondo por si deseas personalizarlo aún más (en Canva, Photoshop)

5. Abre tu imagen, lo verás así:

Con este archivo ya estamos listos para el siguiente paso.

Paso 4: Publicar en Hotmart

En este paso ya debes de tener tu libro en formato PDF para subirlo. Primero ingresa a tu cuento de vendedor en Hotmart y ve al menú principal en "Productos" y elige "Registrar Producto".

Elige la opción de Formato que dice "eBook". Es momento que ingresar la información básica. Introduce el título del libro y abajo una pequeña descripción.

Más abajo elije el idioma, que en este caso sería "español" y luego el país donde estas, este último dato es solo de referencia ya que podrás vender tu libro en otros países sin problema.

Haz clic en el botón "selecciona un archivo" y busca el mockup que generamos en el anterior paso. Luego elige una categoría en la que se encuentre la temática de tu libro:

Después de elegir la categoría dale clic en "continuar".

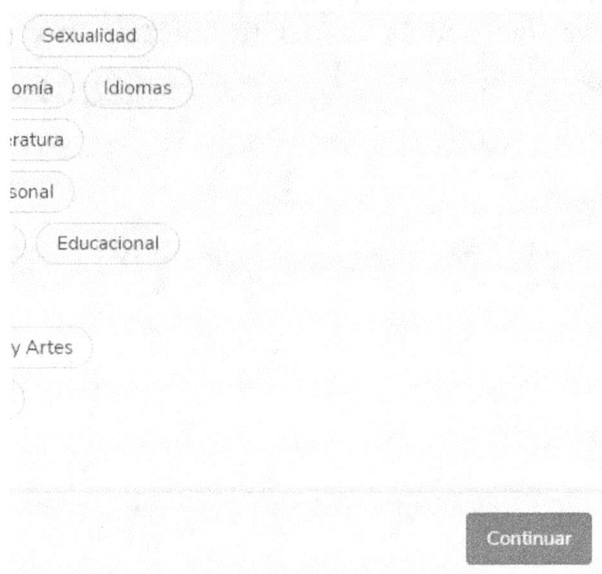

En la precificación puede elegir Dólares Estadounidenses

La "Garantía del Producto" es el tiempo que tiene el cliente para solicitar un reembolso. Te recomiendo que elijas 7 días.

Moneda

Dólar estadounidense ▾

Si vendes en otros países, usaremos esta moneda como base para la conversión.

Garantía del Producto

7 días ▾

Es el plazo que el comprador tiene para pedir reembolso de su producto. En Brasil, el mínimo es de 7 días y en la Unión Europea de 15.

Forma de pago

Pago al contado ▾

Una vez que este precio haya sido creado, no será posible alterar esta opción.

Valor

$ 9.99

En "Forma de pago" elige "pago al contado". En valor por el precio final en el que se venderá tu ebook.

La elección del precio de tu ebook también es parte de tu estrategia de ventas y debe ir acorde al objetivo que persigas. Toma en cuenta los siguientes temas antes de la fijación del precio de tu libro electrónico:

- Inversión total: aquí toma en cuenta el dinero y tiempo invertido para producir el ebook.

- Competencia: analiza el precio de productos similares al tuyo y utilízalo como referencia para fijar el precio de tu ebook. Lo ideal es que los precios sean similares a los de tu competencia o que tengan una ligera diferencia ya sea en menor precio o mayor precio en relación a tu competencia

- Tu público: Esto se debe a que el perfil de tus clientes determinará si tu producto está dirigido a personas con poder adquisitivo alto o más bajo.

- Valor agregado: si tu material tiene una propuesta alta de valor, el precio debe seguir la lógica de que, al comprar tu libro electrónico, el cliente recibirá algo de valor a cambio. Si la propuesta de valor es baja, es mejor reducir el precio del producto.

- Divulgación: Si tu libro tiene el objetivo de hacerte conocer entonces el precio también podría ser menor para aumentar la probabilidad de compra. Si detrás de tu libro estas ofreciendo un curso entonces el precio no debe ser muy alto. Pero si tu libro el producto principal para generar ingresos entonces si debe ser más alto y debe estar acompañado de una campaña de marketing que haga sentido su inversión para recuperarla.

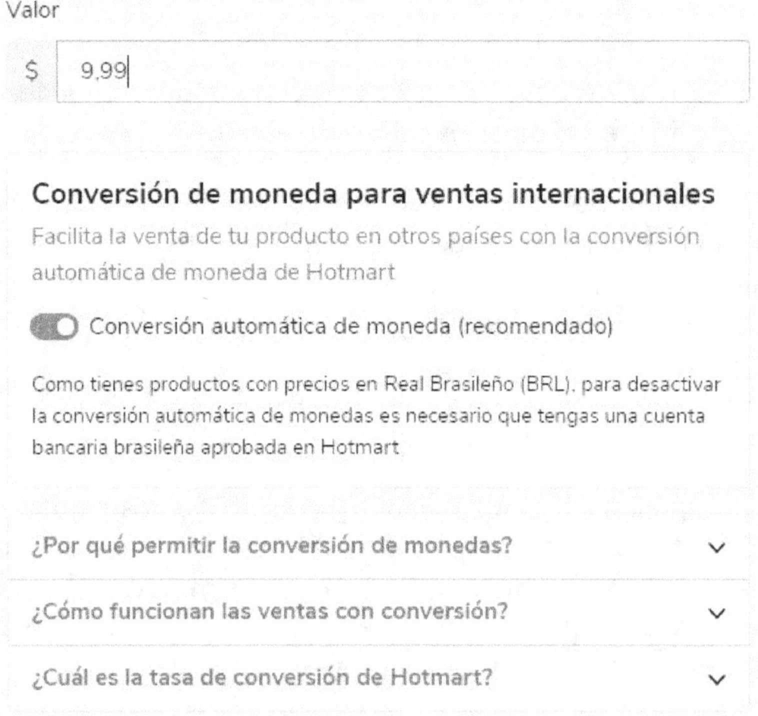

Finalmente activa la opción de "conversión automática de moneda". Esto facilita a tus clientes que están en otros países a que el precio de tu libro en dólares se convierta en su moneda local de forma automática.

Luego de esto se te mostrara un menú como el siguiente:

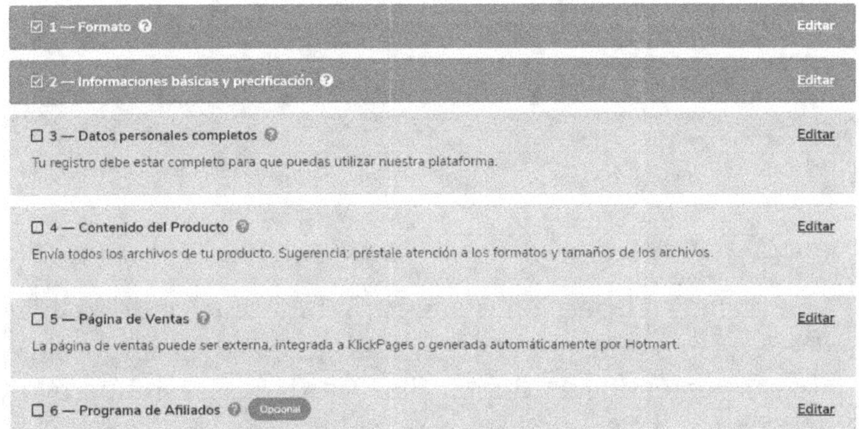

Como ves en la imagen el paso 1 y 2 ya están completado, el paso 3 estará sin marcar si tú todavía no has completado tus datos personales. De ser así haz clic en la parte derecha donde dice "Editar".

En este paso elige "Soy persona física" y completa tus datos personales como el tipo de documento y tu fecha de nacimiento.

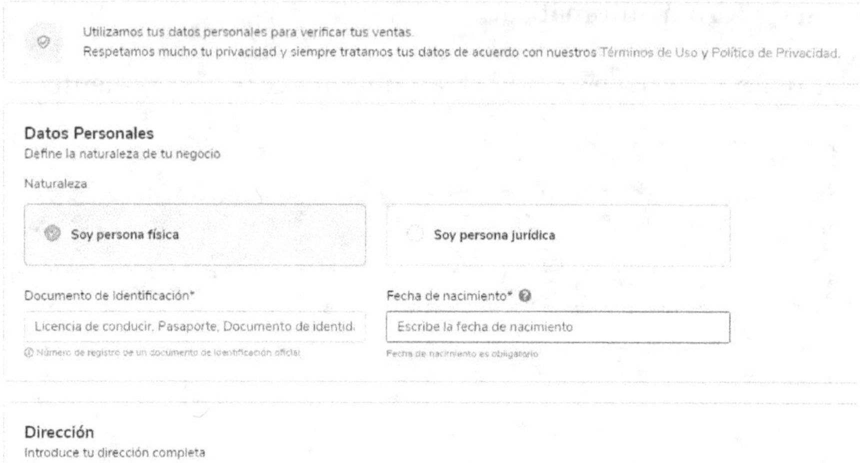

Completa tu dirección y registra tu número de celular eligiendo correctamente el código de tu país (es importante que sigas teniendo el Chip o Sim Card de ese número de celular activado y que no esté caducado).

Luego dale clic en "Guardar alteraciones". Luego volverás al menú que en este caso te pedirá subir el contenido de tu eBook, para eso haz clic en "Editar" en el punto 4.

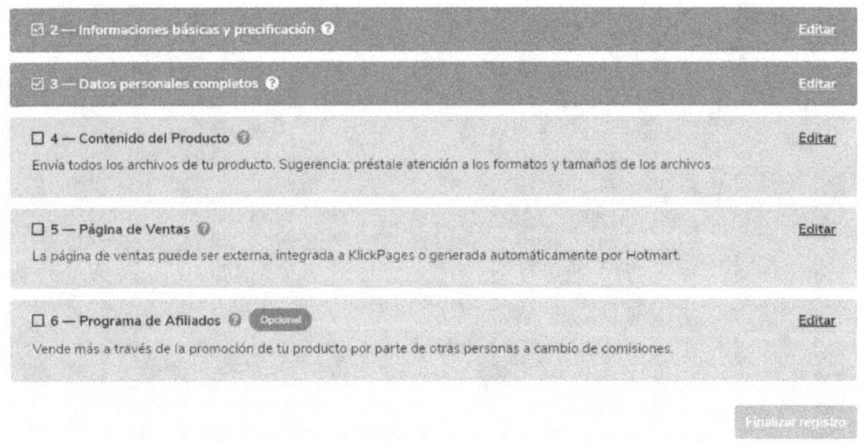

Para subir tu PDF dirígete a donde dice "selecciona un archivo" y en el botón con una flecha hacía arriba dale clic. Buscar tu archivo y cárgalo. Puedes subir varios archivos a parte de tu libro como plantillas o algo extra si lo deseas.

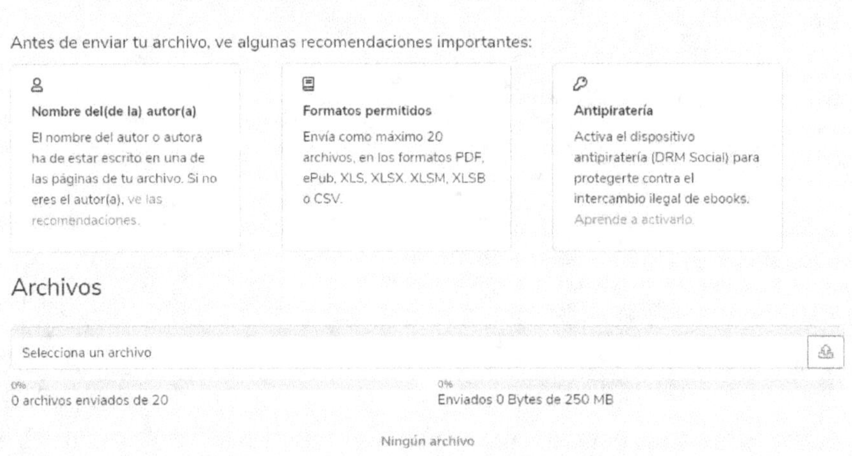

Con eso ya tienes el archivo subido (ojo, todavía no está "publicado"). Ahora falta el paso 5, "Página de Producto". Completa todos los datos y luego de hacerlo haz clic en el botón de abajo que dice "publicar" y tengo que aclarar aquí que todavía no se ha publicado tu libro, lo que haces en este

paso es darle el visto bueno para que tu "página de producto"
ya esté listo, pero todavía no está en línea.

Con esto ya puede volver al "panel" del producto y darle
clic en "Finalizar Registro". La opción de "Programa de
Afiliados" no es necesaria y es opcional. Sin embargo, te
explico muy rápidamente si la quieres activar, para eso haz
clic en "Editar" o elige "Programa de Afiliados".

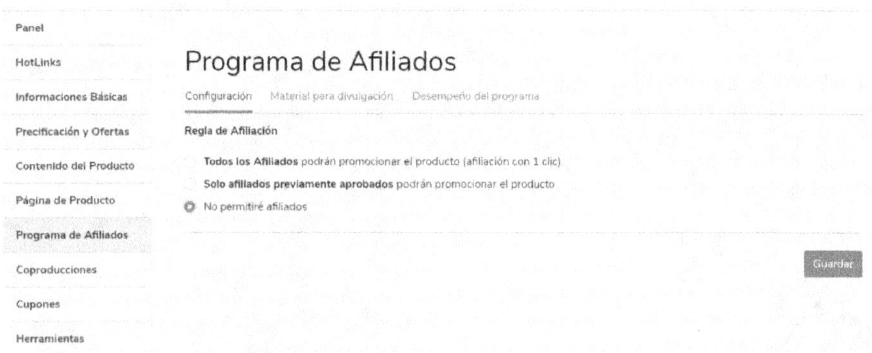

Por defecto estará marcada la casilla "No permitiré
afiliados", marca la casilla "Todos" si lo que quieres es que los
afiliados se afilien de forma automática, o marca "solo
afiliados previamente aprobados" si quieres elegir
manualmente a quienes aprobar y a quienes no. Yo te
recomiendo que marques "Todos".

Programa de Afiliados

Elige el porcentaje de comisión que se va llevar tu afiliado por cada venta que te ayude a conseguir, te recomiendo que mínimamente sea 50% o más.

En norma de asignación elige "ultimo clic".

Luego ingresa los siguientes datos como etiquetas, correo electrónico para que los afiliados o clientes te contacten (te recomiendo que sea un correo específicamente para contacto y que no sea tu correo persona) y una pequeña invitación para que los afiliados se animen a afiliarse a tu producto (no pegues la misma descripción que tienes para los clientes, sino algún dato que les sirva a los que te van a ayudar a vender tu eBook).

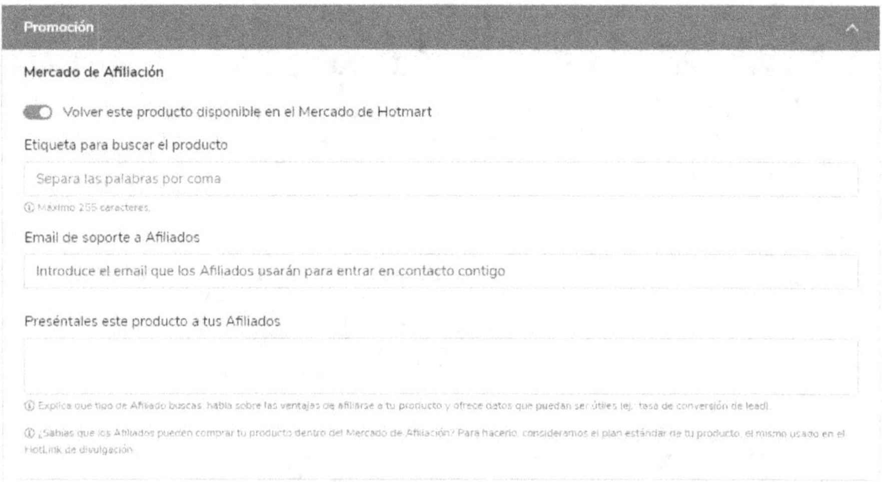

Con esto ya está configurado tu eBook para recibir afiliados. Si todavía no has finalizado el registro de tu eBook entonces vuelve al "panel" y finaliza el proceso.

Pasaran un par de días para que aprueben tu libro, te llegará un correo electrónico o directamente ya aparecerá en línea.

Si por alguna razón actualizaste el ebook con algún dato, es tan fácil como volver a la sección del "Contenido del producto" y reemplazar el anterior archivo por el nuevo.

Espero que este manual te haya servido y te anime a publicar tu primer libro. No olvides ayudarme con una reseña.